CATALOGVE DES LIVRES

IMPRIMEZ DEPVIS
quelques années,

Touchant la GRACE, *la*
PENITENCE, &c.

A PARIS,
Au mois de Decembre.

M. DC. LI.

CATALOGVE DES LIVRES IMPRIMEZ

Depuis quelques années.

Touchant la Grace, la Penitence, &c.

DE LA GRACE.

Cornelij Iansenij Episc. Iprensis Augustinus, de Gratia. fol. 3. edition, *Rouen*, 1643.

—— Eiusdem Comment. in Pentateuchum ; 4. 2. edition 1649.

—— Eiusdem Comment. in Prouerb. Sapient. Ecclesiast. &c. 2. edition, 1649. 4.

—— Eiusdem Comment. in Euangelia , 4. *Paris*, 1649.

—— Eiusdem Alexipharmacum & Spongia contra hæreticos huius temporis, 12. *Louanij*, 1641.

—— Eiusdem paralellum errorum Massiliensium & quorumdam recentiorum , 12. *Louanij*, 1647.

—— Eiusdem Oratio de interioris hominis reformatione, 12. *Paris*, 1642.

La mesme Oraison traduite en françois par M. d'Andilly, 12. Paris, 1646.

A

2

Liberti Fromondi Anatomia hominis, 4. *Louanij*, 1641.

Augustini Hipponensis & Iprensis, De Deo
omnes saluari volente, homologia, 4. *Louanij*, 1641.

Quærimonia Iacobi Zegers contra Theses P. P.
Iesuitarum, 4. *Louanij*, 1641.

Chrysippus de libero arbitrio, 4. *Louanij*, 1644.

Nouus Prosper contra nouum Collatorem, 4.
Louanij, 1647.

Conuentus Aphricanus inter veteri & nouæ
Theologiæ patronos, *Roüen*. 1647.

Collatio Antuerpiensis ad Petrum Aurelium,
4. *Louanij*, 1647.

Vincentij Lenis Theriaca aduersus Petauium &
Ricardum de libero arbitrio, 4. *Lutetiæ Par.*
1648.

—Eiusdem epistola prodroma ad eosdem, 4.
Louanij, 1649.

Ritmica recusatio strenæ arbitriarij cuiusdam,
Louanij, 1649.

Lucerna Augustiniana, 4. *Louanij*, 1650.

Trias SS. Patrum de Gratia, 4. 1648.

D. Augustinus contra Pelagianos, 8. 1. vol. *Paris*, 1644.

—Eiusdem opuscula insigniora contra Pelagianos, *Louanij*, 1647 4. 1. vol.

—Eiusdem Tom. 3. continens opuscula Discipulorum eius aduersus eosdem & eorum reli-
quias, *Louanij*, 4. 1648.

Vita S. Augustini per Riuium, 4. *Antuerpiæ*,
1648.

Ranutij Higati Bernardus de Gratia, 4. *Louanij*, 1649.

D. Prosperi & Hilarij epistola ad Augustinum,
&c. 4. 1647.

—Prosperi poema aduersus ingratos. 4. 1647.

Augustinus docens Catholicos & vincens Pelagianos Archiep. Senonens. *2. edit. Paris*, 12. 1647.

Quæstio Theologica & Historica de mente Concilij Trident. circa scientiam mediam & Gratiam efficacem, 4. 1644.

—*La mesme en françois*, Paris, 4. 1644.

Theses Apologeticæ aduersus solutionem, Quæstion. Theol. Hist. 4. 1645.

Examen libelli propositionum ex Iansenio excerptarum, 4. *Louanij*, 1646.

Lupus seruatus de tribus quæstionibus, 12. & 8. 1648.

Augustini opus imperfectum, 4. *Louanij*, 1648.

Florentij Conrij peregrinus Ierichuntinus, &c. 4. *Paris*, 1641.

Censura Facultatis Louianensis & Duacensis super articulos de Gratia an. 1586. &c. *Paris*. 1647.

Iustificatio Censuræ Louaniensis contra P. P. Soc. Iesu, 4. *Paris*, 1647.

Somnium Hipponense, siue de controuersijs hodiernis Augustini iudicium, 4. 1641.

Memoriale exhibitum S. D. N. P. per deputatos Academiæ Louaniensis, *Paris*, 1644.

Approbationes celeberrimorum Doctorum tum Gallorum, tum Belgicorum de Augustino Corn. Iansenij, 8. 1646.

Requeste du Neueu de M. Iansenius au Conseil du Pais-bas. 1641. 8.

Le Concile de la Grace, ou reflexions sur le 2. Concile d'Orange par M. d'Abillon, 4. Paris, 1645.

Difficultez sur la Bule qui porte defence de lire le liure de M. Iansenius, les Theses des Iesuites & autres liures de la Grace, 8. 1644.

A ij

4

Considerations sur vne censure pretenduë de la Faculté de Paris touchant la Grace & le libre arbitre de l'année 1500. 8. Paris, 1644.

Recueil de diuers ouurages touchant la Grace, 4. Paris, 1644. Contenant,

1. L'Abbregé de la Doctrine de S. Augustin touchant la Grace par Florent Conrius, traduit de son liure intitulé, Peregrinus Ierichuntinus.

2. Censures des deux Facultez de Louuain & de Doüay sur quelques points de la Grace de l'année 1558.

3. Memoire presenté au Pape par les deputez de l'Vniuersité de Louuain.

4. Response à vn extraict de quelques propositions de Iansenius Condamnées par le Concile de Trente, edit. 2.

5. Lettre d'vn Docteur en Theologie sur le liure intitulé, Sentimens sinceres & charitables sur la predestination, &c. par François Irenée.

6. Censure du predestinatus du Pere Sirmond par le S. Auuray, &c. 8. 1644.

7. Considerations sur vne censure pretenduë de la Faculté de Paris touchant la Grace & le libre arbitre, de l'année 1580. edit. 2.

Apologie de M. Iansenius & de la doctrine de S. Augustin contre trois sermons de M. Habert Theologal de Paris, 1644. 4.

Seconde Apologie de M. Iansenius contre la response de M. Habert à la premiere Apologie, premiere partie, 4. à Paris, 1646.

Traduction des Eloges donnez à S. Augustin par les Papes, les Conciles & les Peres, 1644. 8.

Raisons de M. l'Euesque de Gand contre la Bule, 4. à Gand, 1649.

Rationes D. Archiep. Mechlin. aduersus Bullam
  4. *Bruxellæ* , 1649.

Planctus Augustinianæ veritatis in Belgio pa-
  tientis, *Louanÿ* , 1649. 4.

Ripaldæ soc. Ies. vulpes capta per Doctores Lo-
  uan. *Louanÿ* , 4. 1649.

Declaration veritable de M. Calenus nommé à l'E-
  ueschè de Ruremode en latin & en frãçois, 4. 1646.

    Poëme de S. Prosper contre les ingrats , traduit en
      vers & en prose , Paris , 12. 1650.

    Lettre de S. Prosper à Rufin, & vn abbregé de sa
      doctrine touchant la Grace, latin & françois, 12.
      1650.

Considerations sur l'entreprise faite par M. Cornet en
  l'assemblée du premier Iuillet 1649. 4. 3. edit.

Molinæ aduersus doctrinam S. Augustini appa-
  ratus ad Nicolaum Cornet , 1649. 4.

Conditiones propositæ à Doctoribus ad examen
  Doctrinæ de Gratia , 4.

In easdem propositiones, notationes , 1649. 4.

Extraict de l'epistre de S. Celestin touchant l'autorité
  de S. Augustin , 4. 1649.

Lettre d'vn Abbé à vn Euesque sur la conformité de
  S. Augustin auec le Concile de Trente , Paris , 2.
  edit. 1650. in 4.

— à vn Abbé touchant la possibilité des commande-
  mens diuins , Paris , 1649. 4.

— à vn President touchant la maniere dont les iustes
  peuuent laisser Dieu , Paris , 1649. 4.

Apologie du Concile de Trente & de S. Augustin con-
  tre le Censeur de la lettre d'vn Abbé à vn Eues-
  que , 4. 1650.

Conferences de deux Theologiens Molinistes , 1650. 4.

Lettre au P. D. Pierre de S. Ioseph Fueillan sur ces
  Conferences , 1650.

6

Lettre sur le mesme sujet à des Religieuses, 1650.

Disputatio de Libero Arbitrio Iacobi Capreoli, *Paris*, 1649. 4.

Autorum ix. sæculi de Prædest. & Gratia opuscula, cum dissertationibus D. Gilberti Mauguin, 4. 2. vol. *Paris*, 1650.

Priere pour demander la Grace d'vne parfaite conuersion, 12. 1650. & 24.

Catechisme de la Grace, ou Esclaircissement sur quelques difficultés touchant la Grace, 1650.

Theses Apologeticæ, siue istius æui operum nomenclatura, 1650. 8.

Lettre d'vn Prelat à vn Bachelier sur l'authorité de S. Augustin, 4. 1650.

Response d'vn Ecclesiastique de Louuain à l'auis qui luy a esté donné sur la Bule pretenduë contre le liure de M. Iansenius, à Louuain, 1650. 4. 3. edit.

Defence de S. Augustin contre vn sermon du P. Adam Iesuite, 4. 1650.

Quæ sit S. Augustini authoritas in Ecclesia contra apparatum D. Pereyret, *Paris*, 1650. 4.

De initio piæ voluntatis dissertatio aduersus D. le Moyne, 1650. 4.

D. le Moyne aduersus Doctorem Theolog. prælecta mendacia, 1650. 4.

Reflexions sur vn Decret de l'Inquisition contre deux Catechismes de la Grace. 4.

Explication veritable du mesme Decret. 4.

Censure du Catechisme de Doüay par la Faculté de Louuain. 4.

Censure des sentimens des Iesuites par l'Inquisition de Valladolid. 4.

Considerations sur vne lettre de Monsieur de Vabres au Pape. 4.

Dialogue contre l'aduersaire du Concile de Trente. 4.

Sermon de la Predestination presché à Alençon. 4.

Antiqua veritas prædestinationis & gratiæ. 4.

Manuale Catholicorum, contra doctrinam nouitatis. 12.

Lettre d'un Ecclesiastique à vn Magistrat. 4.
Apologie des Saints Peres Defenseurs de la Grace de Iesus-
   Christ 4.
Aurelij Auiti Molinomachia. 4.

DE LA PENITENCE.

DE la frequente Communion, ou les sentimens
des Peres touchât la penitence & l'Eucharistie,
par M. Arnauld Docteur de Sorbonne, à Paris, 5.
edition, 4. & la 6. 8. 1649.
— Le mesme en latin, à Paris, 1647. 4.
Aduertissement sur quelques sermons du P. Noüet
   contre ledit liure, 4. 1643.
Tradition de l'Eglise sur le sujet de la penitence & de
   la communion, par M. Arnauld, à Paris, 1644.
   4. 3. edition.
Lettres escrites à N. S. P. le Pape, & à M. le Cardi-
   nal Barberin par M. M. les Euesques approbateurs
   du liure de la frequente Communion, à Paris, 1644.
Defence de la verité Catholique contre M. de la Mil-
   letiere, 4. Paris, 1644.
Lettre circulaire de M. M. les Prelats assemblez à
   Paris, auec le procés verbal de ladite assemblée, &
   la satisfaction du P. Noüet, à Paris, 1644 4.
Response à la Remonstrance du Pere Yues Capucin à
   la Reyne Regente, sur le liure de la frequente
   Communion, à Paris, 1644. 4
De l'authorité de S. Pierre & S. Paul residante dans
   le Pape Successeur de ces deux Apostres, à Paris,
   1645. 4.
La grandeur de l'Eglise Romaine dans l'autorité de
   S. Pierre & S. Paul, pour seruir de response aux
   trois liures du P. Ioseph Fueillan, de M. Habert
   & de M. l'Euesque de la Vaur, à Paris, 1645.

Epistola ad Innocentium X. de suprema Romanæ Ecclesiæ amplitudine , 4. *Paris* , 1645.

Esclaircissement des remarques faites contre la Grandeur de l'Eglise Romaine , 1646. 4.

Doctrine Heretique , &c. *touchant la primauté du Pape enseignée par les Iesuites de Caën* , Paris, 1644. 4.

Remarques sur vn decret de l'Inquisition touchant l'autorité de S. Pierre & S. Paul , en latin & en françois , auec l'Arrest du Parlement contre ce decret , 1644. 8.

Soubmission de M. Arnauld au Pape , à M de Paris & à la Faculté de Paris , en latin & en françois 1644. 4.

Reflexions du S. du Bois sur le liure du P. Petau Iesuite , 4. 1644.

Lettre d'vn Theologien à vn sien amy touchant deux points du liure du P. Petau , 4. 1644.

Apologie pour M. Arnauld Docteur de Sorbonne contre les Remarques iudicieuses sur le liure de la frequente Communion , 1644. 4. & 8. 1648.

Response à l'examen de M. l'Euesque de la Vuur , 4. Paris, 1644.

Replique à l'Anatomie dudit S. Euesque , 4. 1646.

Sentimens du P. Emery de Bonis , touchant la frequente Communion , 4. 1644.

Apologie pour feu M. l'Abbé de S. Cyran , diuisée en quatre parties , 2. edition, 8. 1644.

Defence de Messieurs les Prelats Approbateurs du liure de la frequente Communion , 4. à Paris 1646.

DE LA DISCIPLINE
Ecclesiastique, & de la Morale Chrestienne.

Censura propositionum ex Hibernia delatarum per Facultatem Parisiensem, *Paris*, 1643. 4.

Epistola Episcoporum Parisiis nunc agentium super animaduersiones Libri Smithæi, & apologia Ioan. Floydi, *Paris*, 1644. 4.

Censure du pacifique veritable de M. de la Milletiere, 4. 1644.

Lettre du Pape au Roy de Pologne contre les Iesuites, in 4.

Theologie Morale des Iesuites extraite fidelement de leurs liures, à Paris, 1643. 8.

Lettre de Polemarque à Eusebe sur la Theologie Morale des Iesuites, 8. 1645.

Defence M. François Halier contre les impostures de l'Abbé de Boisic, 8. Paris, 1644.

Recit veritable du procedé de M. l'Euesque d'Amiens sur quelques sermons du P. le Iuge Iesuite, 4.

Bref de N. S. P. le Pape Innocent X. pour les Iesuites d'Amiens, auec les Lettres de relief d'appel de l'execution dudit Bref & autres actes contre les Iesuites, Paris, 1645. 4.

Suitte des mesmes actes, 4. 1646.

Censura Facultatis librorum, Rabardæi, Bauny & Celotij, ex Soc. Iesu, 1648. 8.

Extrait des erreurs du liure de la defence de la vertu du P. Sirmond, 1641. 8.

Veritez academiques, ou refutation des prejugez des Iesuites contre l'Vniuersité de Paris, à Paris, 8. 1643.

Obseruation sur la requeste des Iesuites, 8.

Visite du Recteur dans le College de Marmoutier, 1643. 8.

Apologie pour l'Vniuersité de Paris contre le discours d'vn Iesuite, à Paris, 1644. 8.

Seconde apologie pour l'Vniuersité de Paris contre les Iesuites. 8.

Premiere requeste, & procés verbaux contre la doctrine du

Pere Hereauelart Iesuite, à Paris, 8. 1643.

2. *Requeste de l'Vniuersité de Paris, pour ioindre à celle du 1. iour de Mars*, 8.

3. *Requeste de l'Vniuersité de Paris contre les libelles du Pere Caussin & du Pere le Moyne Iesuites*, à Paris, 1644. 8.

Extrait du manifeste du Pere le Moyne qui autorise les pernicieuses doctrines des Iesuites & du Pere Petau, 1644. 8.

Libri de sanctimonia Clericorum, & de singularitate Beneficiorum opuscul. 1. 8. Paris, 1650.

Lettre d'vn Escolier de Caën sur la doctrine simoniaque enseignée par les Iesuites de Caën, 4. 1644.

Oratio Iacobi du Pré contra doctrinam Simoniacam Iesuitæ Cadomensis, 1645.

-- Eiusdem oratio in Erardum Billium Soc. Iesu, Petri principatum oppugnantem, 1646. 4.

Hipparque du Religieux Marchand traduit en françois, 8. 1645.

Demandes faites par les Missionnaires de la Chine, à la Congregation de propaganda fide, auec les responses, Paris, 1647. 4, *latin-françois*.

Petri Aurelij opera impensis Cleri Gallicani tertio edita, Paris, 1646. fol.

Oraison funebre de M. l'Euesque de Baz as par M. l'Euesque de Grasse, 4. Paris, 1646.

Ordonnance de M. l'Euesque de Baz as pour l'establissement d'vn seminaire, 4. Paris, 1646.

Declaration de l'assemblée du Clergé pour les Reguliers, auec la lettre circulaire enuoyée aux Euesques sur icelle, à Paris, 1645. 4.

Theophile parroissial traduit en françois par M. Benoist Puys, à Lyon, 1649. 8.

Apologia Ludouici Celotij, autore Alypio à Sancta Cruce, à Paris, 1648. 8.

Piece sur l'appel comme d'abus de l'eslection de M. Halier, auec l'Arrest du Parlement en 1650. 4.

Bref de N. S. P. le Pape Innocent X. sur la iurisdiction Episcopale & les Reguliers, Paris, fol.

Recueil sur l'affaire de M. l'Archeuesque de Sens contre les Iesuites.

Disquisitio Decreti per P. Aurelium. 4.

LIVRES DE DEVOTION.

Théologie familiere & autres petits ouvrages de M.
    l'Abbé de S. Cyran, 12. & 16. 1649. Paris. 8. edit.
Lettres Chrestiennes de M. de S. Cyran, 4. 1644. 4.
    edition.
--- Les mesmes seconde partie, Paris, 4. 1647.
--- Les mesmes en deux volumes, 8. 5. edition, 1648.
--- Lettre du mesme touchant les dispositions à la Prestrise
    12. 1647.
Oeuvres Chrestiennes de M. Arnauld d'Andilly, 6. edit.
    4. & 12. Paris, 1646.
--- Interpretatio latina poematis de vita Christi, D. d'An-
    dilly. 12. Paris, 1650.
--- Vies des SS. Peres des deserts, traduites par M.
    d'Andilly, 4. Paris, 1649. & 8. 1649.
--- Les Confessions de S. Augustin, traduites par le mesme,
    Paris, 12. 1649. 1. & 2. edition.
Traduction de S. Bernard, de la conuersion des mœurs, de
    la vie solitaire, & des commandemens & des dispen-
    ses, 12. Paris, 1649.
La vie de S. Bernard diuisée en six liures, à Paris, 4. &
    in 8. 1649.
Traduction du liure de S. Augustin des mœurs de l'Eglise
    Catholique.
--- De la correction & de la Grace.
--- De la veritable Religion.
--- De la Foy, de l'Esperance & de la Charité, addressé à
    Laurent par M. Arnauld, à Paris, 1648.
Traduction de S. Chrisosteme du Sacerdoce, Paris, 1650.
--- De l'education des enfans, 3. edition.
--- De la Penitence, 3. edition.
Ceremonies & Promesses du Baptesme, 1650. 12.
Sentences tirées de l'Escriture & des Peres pour chaque
    iour de l'année, 12. Paris, 1648.
Meditations sur les obligations du Christianisme par M.
    Feydeau, 12. Paris, 1649.
Maximes Chrestiennes tirées des lettres de M. de S. Cyran,
    à Paris, 12. 1649.
L'Office de l'Eglise & de la Vierge en latin & en fran-

12

çois, auec les Hymnes en vers françois , à Paris , 8.
& 12. 1651.
Traduction de S. Bernard de l'Eschelle du Cloiftre & de
son Apologie à Guillaume Abbé de S. Thierry , 12.
1650.
Recueil de quelques points de Blofius. 12.
Deux sermons de saint Bernard. 12.
Discours en forme de lettre de noftre Seegneur Iesus-Chrift
à l'ame deuote. 12.
Lettre pour la juftification de la traduction en vers des
Hymnes des nouvelles Heures. Contre le Pere Labbe
Iefuite. 4.

De la Grace victorieuse de IESVS-CHRIST, *4. 1650.*

Deffense des Disciples de S. Augustin contre le P. Bernage Iesuite, 4. 1650.

Réponse au Sermon du P. Brisacier Iesuite, 4. 1651.

Lettre d'vn Capucin de Flandres, 4. 1651.

Lettre de Mr Brousse à Mr l'Archeuesque, 4. 1650.

Lettre d'vn Docteur sur les questions du temps, 4.

Remonstrance aux Iesuites sur le Manifeste des Iansenistes, 4. 1651.

Lettre du P. A. Sabré à Labadie, 4. 1651.

Lettre d'vn Docteur sur l'Apostasie de Labadie, 4.

Deffense de la Pieté & de la Foy de l'Eglise contre Labadie, 4. 1651.

Lettre à vn Euesque pour la defense de quelques propositions de la Predest. & de la Grace, 4.

Notæ præambulæ contra D. le Moine, 4. 1651.

Expositio V. propositionum iuxta mentem Discipulorum S. Augustini, 4. 1651.

Concordia S. Thomæ cum S. Augustino, 4. 1651.

Mandatum Archiepisc. Mechlinensis, 4. 1651.

Auiti Spongia notarum Molino machiæ, 4. 1561.

Colloquium Rythimicum Ambrosij & Augustini, 4. 1648.

Vertumnus, Dialogus, 4.

Higati vindiciæ aduersus correctionem fraternam, 4. 1650.

Appendix vindiciarum pro Higato, 4. 1650.

Lucerna Augustiniana, 4. 1650.

Emunctorium Lucernæ Augustinianæ, 4. 1651.

Epistolica Responsio, 4. 1651.

Racematio Baccalaurei, 4. 1651.

Rythmica Recusatio strenæ Arbitrarii, 4. 1649.

Theoremata de Prædestinat. & Gratia, 4. 1650.

Stratagema Ricardi, 4.

Paralellum Massiliense, 4.

Comparatio S. Augustini, Iansenij & Caluini, fol.

Antithesis Augustini & Caluini, 12. 1651. 2. Edit.

Apologie des SS. Peres deffenseurs de la Grace de
　IESVS-CHRIST, 4. 1651. 2. Edition.

Lettre au P. Adam Iesuite sur ses Hymnes, 4.
　1651.

Memoires Apologetiques contre les Hybernois, 4.

Faussetez d'vne requeste de M. Amiot, 4.

Deffense des Hybernois Disciples de S. Augustin,
　4. 1651.

Oratio 2. Iacobi du Pré in Errardi Billii doctri-
　nam Simoniacam, 4.

Prophetia sanctæ Hildegardis.

Deffense d'vne Approbation donnée à la Grace
　victorieuse par M. Olonergan, 4.

Mens Augustini de Gratia 1. hominis & Angelo-
　lorum, & Gratia Christi Saluatoris, 12.

Authoritas S. Augustini in Materia de Gratia, 12.

L'Aumosne Chrestienne & Ecclesiastique, 12.
　2. vol. 1651.

L'Office de l'Eglise Latin François, en petit vol.
　18. 7. Edition.

Confessions de S. Augustin en Latin & en François
　par Mr d'Andilly, 8. 1651.

Deffense de la Foy de l'Eglise Catholique par Mr
　Iansenius Euesque d'Ipre, 12. 1651.

Discours de S. Athanase contre les sentimens de la
　multitude, auec des Reflexions, 4. 1651.

Reponse à vn Escrit du P. Matthieu Iesuite, 4.
　1651.

Aduertissement aux personnes qui n'obseruent pas
　la modestie que les Chrestiens doiuent garder
　dans les Eglises. 12.

Aduis de conduite Chrestienne, 12.